하루 한 장,
일곱 계절을 쓰다

하루 한 장, 일곱 계절을 쓰다

7인 7색 문장을 따라 쓰며 찾은 나답게 살아가기

초 판 1쇄 2025년 12월 02일

지은이 김은정, 김현근, 박윤하, 윤진선, 지선, 황유주, 허지영
펴낸이 류종렬

펴낸곳 미다스북스
본부장 임종익
편집장 이다경, 김가영
디자인 임인영, 윤가희
책임진행 김요섭, 이예나, 안채원, 김은진, 국소리

등록 2001년 3월 21일 제2001-000040호
주소 서울시 마포구 양화로 133 서교타워 711호
전화 02) 322-7802~3
팩스 02) 6007-1845
블로그 http://blog.naver.com/midasbooks
전자주소 midasbooks@hanmail.net
페이스북 https://www.facebook.com/midasbooks425
인스타그램 https://www.instagram.com/midasbooks

© 김은정, 김현근, 박윤하, 윤진선, 지선, 황유주, 허지영, 미다스북스 2025, *Printed in Korea.*

ISBN 979-11-7355-608-1 03810

값 18,000원

※ 파본은 구입하신 서점에서 교환해드립니다.
※ 이 책에 실린 모든 콘텐츠는 미다스북스가 저작권자와의 계약에 따라 발행한 것이므로 인용하시거나 참고하실 경우 반드시 본사의 허락을 받으셔야 합니다.

미다스북스는 다음세대에게 필요한 지혜와 교양을 생각합니다.

하루 한 장,
일곱 계절을 쓰다

7인 7색 문장을 따라 쓰며 찾은 나답게 살아가기

김은정

김현근

박윤하

윤진선

지 선

황유주

허지영

미다스북스

프롤로그   008

첫 번째 계절

관계: 나와 너 사이
(김은정 작가)

01	우정의 깊이	016
02	서로 다른 너와 나	018
03	함께할 수 있다는 건	020
04	기대는 적게, 이해는 넓게	022
05	함께 있어도 외로운 순간	024
06	닿을 듯, 닿지 않는 거리	026
07	사랑은 태도 위에 머문다	028
08	사랑은 서로에게 배우는 것	030
09	시간이 지나 완성된 사랑	032
10	부모도 처음 살아 보는 사람	034
11	자식은 부모의 거울	036
12	나를 위한 용서	038
13	실수한 동료에게 필요한 말	040
14	인정받지 못해도 나를 지키는 마음	042

두 번째 계절

위로: 조용한 저녁, 나에게 건네는 말
(김현근 작가)

01	오늘도 나를 믿는다	046
02	커피 한 모금에 스민 온기	048
03	식사는 곧 나를 챙기는 일	050
04	산책은 생각의 통로	052
05	함께 있는 시간만으로도 위로가 되는 순간	054
06	비 오는 날의 창가에서	056
07	일상 속의 반짝임을 기억해	058
08	책 한 권, 나를 꺼내는 시간	060
09	낯선 길에서 마주한 나	062
10	불 꺼진 방 안의 고요	064

11	익숙한 노래에 기대어	066
12	조금 느린 하루의 여유	068
13	한여름 창밖을 지나며	070
14	고요한 주말의 아침	072
15	퇴근길, 나에게 보내는 박수	074

세 번째 계절
극복: 내 삶을 지켜 준 작은 별들
(박윤하 작가)

01	닫힌 마음, 새 만남	078
02	별이의 뜻밖의 비밀	080
03	별난 너에게 빠져들다	082
04	내 심장의 별 하나	084
05	너와 함께 마주한 아름다운 세상	086
06	소중한 번개의 선물	088
07	절망 속 너의 눈빛, 희망	090
08	피어난 생명의 빛	092
09	어느새 단단해진 연결	094
10	함께 빛난 우리의 시간	096
11	별들과의 마지막 인사	098
12	나의 길을 걷다	100
13	떠난 사랑에 바치는 삶	102
14	내 삶을 빛내는 보석들	104

네 번째 계절
철학: 오늘을 버티게 하는 힘
(윤진선 작가)

01	한 걸음이 길을 만든다	108
02	미워하는 감정	110
03	그날의 미친 용기	112
04	고장 난 세탁기	114
05	그때의 내가, 잘할 거야	116
06	시간을 사는 사람	118

07	희끗한 머리 감추기	120
08	선택하는 사람 vs 선택받기를 기다리는 사람	122
09	가장 지혜로운 사람, 소크라테스	124
10	잡을 수 없는 것	126
11	달달한 음료가 주는 위로	128
12	라면의 감정 I	130
13	라면의 감정 II	132
14	그래, 다 괜찮아질 거야	134

다섯 번째 계절
치유: 아픈 마음을 위한 셀프 처방전
(지선 작가)

01	영화와 드라마가 치유해 준 고정관념	138
02	공감 본능을 갉아먹는 권력의 맛	140
03	모두는 존재 자체로 쓸모 있다	142
04	사랑이 예쁘게 깨뜨려 주는 것	144
05	나쁜 추억은 행복의 홍수 아래 가라앉게 하라	146
06	함께 부르는 노래의 힘	148
07	빈곤이 가장 먼저 무너뜨리는 것	150
08	그의 모습이 새겨지는 것을 허락한다	152
09	마음의 상처가 더 오래 남는 이유	154
10	나를 규정하는 선택과 행동	156
11	순수한 확신의 비극	158
12	돈과 행복의 다소 이상한 관계	160
13	옆구리가 시릴 때	162
14	눈을 뜨고 있어도 보이지 않는 것들	164
15	미래의 불확실성이 우리를 설레게 한다	166

여섯 번째 계절
격려: 아들에게 전하는 희망의 메시지
(황유주 작가)

01	두려움 앞에서도 내딛는 너에게	170
02	너는 이미 빛나는 존재야	172

03	나를 발견하는 기록	174
04	책 속으로의 여행	176
05	방황, 그건 성장의 신호	178
06	나로 살아가기	180
07	서로를 이해하는 태도	182
08	오늘이 주는 소중함	184
09	말로 전하는 진심	186
10	정리는 나를 지키는 일	188
11	함께하는 따뜻함	190
12	스스로를 인정하는 방법	192
13	어둠 뒤에 찾아오는 희망	194
14	기댈 수 있는 사랑	196

일곱 번째 계절
온기: 삶이라는 작은 연대기
(허지영 작가)

01	새로운 이웃	200
02	지천의 무명(無名)	202
03	토닥이는 밤	204
04	그의 노래(故 김광석)	206
05	겨울밤, 낭만을 생각하다	208
06	엄마라는 이름으로	210
07	책이 있는 풍경	212
08	그림 같은 하루	214
09	엄마 김밥	216
10	성경을 필사하는 불자	220
11	너는 또 다른 우주	224
12	사랑의 오므라이스	226
13	모녀 삼대	230
14	세월	234

프롤로그

필사로 이어진 우리, 마음속에 꽃을 피우다.

스치듯이 지나온 수많은 계절 속에서 우리는 매일 새로운 인연을 맺고, 소중한 순간들을 만들어 갑니다. 그리고 2025년 3월. 〈잇.짓.피〉 필사모임이 시작되었습니다.

잇:잇다
짓:짓다
피:피다

인연을 '잇'고 삶을 '짓'고 그 안에서 마음의 꽃이 '피'어나길 바라며 우리의 소망을 이 책에 담았습니다.

저에게 필사는 삶의 중요한 전환점이자, 꾸준한 성장의 동반자입니다. 지난 4년간 필사와 함께 하루를 시작하며, 저를 다독이고 또 다짐했습니다. 글자를 한 획씩 노트에 옮겨 적으면서 제 내면의 소리에 귀 기울였고, 생각과 감정을 정리하며 '나'를 온전히 마주하게 되었습니다. 덕분에 일상의 루틴이 자연스럽게 만들어졌고, 그 안에서 나를 이해하고 공감하는 법을 깨달았습니다. 어느덧 필사는 제게 매일의 원동력이 되었습니다.

이런 필사의 힘을 많은 분들과 나누고 싶다는 마음으로 〈잇.짓.피〉 모임을 만들었습니다. 필사로 이어진 소중한 인연들이 함께 모여 글을 나누고, 서로의 삶을 공유하며 깊은 유대감을 만들어 갔습니다. 그리고 문득, 우리의 이야기가 담긴 필사책을 만들어 세상과 나누면 어떨까 하는 생각까지 하게 되었습니다. 소소하지만 진심이 담긴, 우리 7명의 이야기는 그렇게 시작되었습니다.

김은정 작가

우리는 매일 수많은 사람과 관계를 맺습니다. 가족, 연인, 동료, 친구들까지. 그리고 이 안에서 우리는 웃고, 때로는 상처받고 또 위로받으며 살아갑니다. 어떤 관계든 완벽할 순 없지만, 이 글을 필사하면서 서로의 마음을 되돌아볼 수 있는 계기가 되었으면 합니다. 복잡하고도 아름다운 관계들. 필사를 통해 서로를 바라보고, 이해할 수 있기를. 여러분의 마음을 토닥이며, 손끝에서 시작된 이 글이 가슴까지 와닿을 수 있기를 바랍니다.

김현근 작가

'번아웃'이란 말을 몰랐을 땐 제가 게으른 줄 알았습니다. 무기력한 날들이 반복되었고 아침에 일어나는 것도 힘겨웠습니다. 그러다 문득 나를 위해 글을 써 보고 싶다는 생각이 들었습니다. 지금 이 순간의 나를 위한 문장들. 사소해 보일지 몰라도, 그 순간들이 저에겐 버팀목이었습니다. 오늘도 잘 버텼다고, 지금도 충분히 잘하고 있다고 속삭여 주는 이 문장들이 여러분에게 위로가 되길 바랍니다.

박윤하 작가

저는 오이도 바닷가에서 '별이'라는 강아지를 키우고 있습니다. 살면서 상처투성인 제 마음을 치유해 주고, 항상 곁에 있어 주었던 것은 강아지들이었습니다. 천둥이와의 만남으로 시작된 애견인 삶으로 인해, 제 삶은 크게 달라졌습니다. 강아지들과 함께했던 감동스럽고, 따뜻한 경험을 여러분들과 공유하려 합니다. 이 이야기들이 여러분의 마음에 잔잔한 물결을 일으켰으면 하는 바람입니다.

윤진선 작가

마음을 돌볼 여유가 없고, 하고 싶은 말과 감정들을 마음 한구석에 쌓은 채 우리는 바쁘게 살아갑니다. 저 역시 그런 순간들을 수없이 지나왔습니다. 하지만 여러분께 '괜찮아. 우리 모두 그런 시간을 잘 살아가고 있어'라고 위로를 전하고 싶습니다. 완벽하지 않은 삶도, 충분히 괜찮다고 말하고 싶습니다. 그리고 이 이야기들을 통해 자신의 마음을 꺼내어 보고, 고스란히 마주해 보길 바랍니다. 필사하는 동안만큼은, 여러분의 마음이 가벼워졌으면 합니다.

지선 작가

저에게 독서는 상처의 고름을 짜내는 수술이고, 필사는 나쁜 균을 죽이는 항생제입니다. 그리고 〈잇.짓.피〉 필사 모임에서의 공감은 상처를 감싸주는 연고입니다. 이 글을 쓰는 시간이 큰 기쁨이자 위안이 되었고, 묵은 상처에 새살이 돋아나게 해 주었습니다. 저는 『당신의 마음에 영화를 처방해 드립니다』 책에 나온 내용을 통해, 웬만한 명의의 처방보다 귀하고 반짝거리는 '셀프 처방전'을 소개하려 합니다.

황유주 작가

아이와 함께 살면서 매일 새로운 장면을 만납니다. 기쁨과 웃음이 있는가 하면, 조급함과 후회가 스며드는 날도 있습니다. 부모의 말 한마디가 남긴 울림과 기다림 속에서 아이가 스스로 자라나는 모습까지. 거창하지는 않지만, 아이와의 시간을 글로 남겼습니다. 소소한 하루가 '기록'이 되고, 부모와 아이가 함께 성장하는 '흔적'이 되기를 바랍니다. 이 글들이, 같은 길을 걸어가는 분들께 쉼이 되기를 바랍니다.

허지영 작가

도시를 떠나 산골에서 아이를 키우며, 나는 나와 엄마의 삶을 다시 들여다보았습니다. 뜨거운 여름날들 속에서 필사는 나를 다독이는 기도가 되었고, 치유가 되었습니다. 삶의 속도를 늦추니 보이지 않던 감사와 감정들이 글이 되어 남았습니다. 나를 위한 기록이 누군가에게 작은 온기가 되길 바랍니다. 이 글들은 그렇게, 한 엄마의 느린 걸음으로 썼습니다.

우리의 이야기가 특별하지 않을 순 있습니다. 하지만 이런 평범한 일상이야말로, 가장 진실하고 누구나 공감할 수 있는 힘을 가졌다고 믿습니다. 이 책이 여러분께 작은 쉼표가 되어, 마음이 피어나는 경험을 해보시길 바랍니다. 작은 씨앗처럼 시작된 우리의 필사모임이 이렇게 한 권의 책으로 피어나듯이, 여러분의 삶에도 작은 꽃을 틔우는 계기가 되길 진심으로 바랍니다.

〈잇.짓.피〉 필사모임지기
- 윤진선 -

첫 번째 계절

관계: 나와 너 사이

김은정 작가

김은정 작가는요?

세 아이의 엄마이자 보육교사로 살아온 시간 속에서 아이들과 사람을 통해 마음의 성장을 배워 왔다. 인간의 성격과 심리를 공부하며 타인의 내면을 이해하고, 그 과정 속에서 스스로의 성장을 이어가고 있다.
독서와 필사를 통해 얻은 일상의 깨달음을 글로 전하며, 삶 속에서의 마음의 여유와 성장을 나눈다.

관계의 계절을 쓰는 당신에게

　인생의 많은 어려움은 사람들과의 관계에서 시작되는 거 같습니다.

　가까워지고 싶다가도 어느 순간 벽이 생기고 진심을 전했는데 오해로 돌아올 때면 금세 지쳐버리곤 합니다. 저 역시 그런 상황 속에서 지쳐 있었고 사람들 틈에 서 있는 것이 벅차서 혼자 있는 편이 더 낫다고 믿었던 시절도 있었습니다. 상대방을 이해하려 하기보다 내 입장에서만 세상을 보았던 것입니다.

　사람이 싫었던 게 아니라 사람을 대하는 방법이 서툴렀던 것임을 깨달았습니다.

　진심으로 인연을 이어가고 싶은 당신에게, 관계의 온도는 언제나 다르지만 그 차이를 이해하려는 노력에 도움이 되었으면 좋겠습니다.

01 우정의 깊이

우리는 살아가면서 많은 사람을 만나고 사귀게 된다.

그중 마음을 깊이 나눌 수 있는 친구는 많지 않다.

친구란 시간만 함께 보내는 것이 아닌 내가 말하지 않아도

나를 이해해 주고 편안함을 주는 존재.

시간이 지날수록 진정한 친구는 화려한 말보다 곁에 있어 주겠다는

믿음이다.

지금 생각나는 친구가 있다면 가볍게 안부를 전해 보는 건 어떨까?

진심은 그 어떤 말보다 따뜻하게 전해진다.

Date   /   /

02 서로 다른 너와 나

친구 사이에도 생각이 다를 수 있다.
모든 것이 뜻이 맞는 사람은 드물기에.
우정은 나와 같은 생각이 아니라 다른 생각을 받아들일 줄 아는 태도에서 생긴다.
같아지려는 마음보다는 다름을 인정하고 함께할 수 있는 여유
그것이 관계를 오래가게 한다.
우리는 꼭 닮지 않아도 서로를 이해할 수 있다.
그 다름이 나를 우리를 더 넓게 만들어 주기도 한다.
누군가와 의견이 달랐다면 그 다름을 존중해 보자.

Date   /   /

03 함께할 수 있다는 건

함께 있는 시간이 많다고 해서 그 관계가 깊다고 할 수는 없다.

중요한 건 함께 있을 때 서로의 마음이 편안한가이다.

때로는 말이 없어도 좋고, 무엇을 하지 않아도 괜찮다.

그저 서로의 존재만으로도 위안이 되는 관계가 있다.

함께 있다는 건,

기대지 않고, 강요하지 않고, 있는 그대로를 받아들이는 것,

그런 관계는 쉽게 흔들리지 않는다.

사람은 결국 마음이 편한 사람 곁에 남는다.

Date   /   /

04 기대는 적게, 이해는 넓게

우리가 상처받는 이유는,
상대에 대한 기대가 크기 때문이지 않을까?
'당연히 이럴 거야'라는 마음이 섭섭함이 되어 돌아온다.
그 사람이 '왜 그랬을까?', '어떤 마음이었을까?'를 먼저 떠올릴 수 있다면 내 마음도 덜 다친다.
기대는 마음을 좁히고, 이해는 마음을 넓힌다.
적게 기대하고 더 많이 이해하는 마음.
그것이 관계를 지켜 주는 힘이다.

Date   /   /

05 함께 있어도 외로운 순간

사랑하는 사이인데
함께 있으면서도 외롭다고 느낀 적이 있다.
그럴 땐 사랑이 부족해서가 아니라 마음이 어긋나서 그런 것이다.
말해도 닿지 않고, 눈을 마주쳐도 멀게만 느껴질 때.
그건 대화의 부재이자 마음을 읽으려는 태도의 부족이다.
사랑은 같은 방향을 바라보는 것이지만 가끔은 서로의 눈을 바라보며 걸음을 맞춰야 할 때가 있다.
외로움은 사랑이 식어서가 아니라 소통이 멈췄을 때 찾아온다.
'말하지 않아도 알겠지?' 하는 마음보다 모른다면 말해 주는 용기가 더 필요하다.

Date   /   /

06 닿을 듯, 닿지 않는 거리

하루의 기분도 일상의 작은 일도 공유하고 싶다.
그러나 너무 가까이 닿으려는 마음이 오히려 상대를 지치게 하기도 한다.
사랑에도 여백이 필요하다.
서로가 각자의 시간을 가질 때 그리움이 피어나고 존중이 자란다.
모든 걸 함께할 수는 없다.
사랑은 의무가 아니고 의존이 되어서는 더더욱 안 된다.
함께 있어도 각자의 중심을 잃지 않는 것 적당한 거리에서 피는 꽃이 더 오래간다.

Date   /   /

07 사랑은 태도 위에 머문다

사람들은 말한다.

사랑은 타이밍이라고.

아무리 좋은 타이밍에서 만나도,

서로의 태도가 준비되어 있지 않다면 그 사랑은 오래가지 못한다.

사랑은 순간의 불꽃이 아니라 매일의 선택이다.

서로를 대하는 말투와 눈빛, 실망했을 때의 반응, 다툰 후의 태도가 사랑을 결정짓는다.

사랑은 처음엔 누구나 반짝이지만, 시간이 지나면 그 빛은 점차 잦아든다.

그때부터는 설렘이 아니라 태도가 사랑을 이어간다.

Date   /   /

사랑은 서로에게 배우는 것

사랑은 배우는 것이다.
서로의 다름을, 속도의 차이를, 상처받는 방식과 위로받는 말을.
다른 두 사람이 만나 어떻게 함께할지를 배워 가는 과정 그래서 사랑은 노력이고 그 노력은 서로를 위한 배움이다.
나를 바꾸지 않고 상대를 바꾸려 하지 않고 그저 이해하는 마음으로 한 걸음씩 다가가는 것, 서로의 속도에 맞춰 천천히 걸어가는 것, 그것이 사랑의 자세다.

Date   /   /

09 시간이 지나 완성된 사랑

어릴 땐 몰랐다.

엄마는 왜 그토록 잔소리가 많았고, 아빠는 항상 무뚝뚝했는지.

하지만 나이가 들고 내 삶에도 바람이 불기 시작하면서, 그들의 말과 침묵 속에 담긴 마음을 조금씩 이해하게 된다.

이해는 나이의 선물이다. 삶이 고단해질수록 그들이 감내했던 무게가 보인다.

부모를 온전히 이해하는 건 결국 내가 부모의 위치에 가까워졌을 때 가능해진다.

그래서 사랑은 늦게 완성되기도 한다.

Date   /   /

10 부모도 처음 살아 보는 사람

우리는 자주 잊는다.

부모도 우리처럼 인생을 처음 살아가는 사람이라는 걸.

완벽할 수 없고, 모든 순간 옳은 선택만 할 수는 없다.

그들도 때로는 외롭고, 미숙하며, 실수한다.

그 사실을 인정하는 순간, 원망은 이해가 된다.

잊지 말자.

부모이기 전에 한 사람의 인생을 사는 존재라는 걸.

그 작은 깨달음이 마음의 무게를 덜고, 서로를 너그럽게 만든다.

Date   /   /

11　자식은 부모의 거울

부모가 아이를 키운다고 생각하지만, 자식은 부모를 비추는 거울이다.
내 말투, 내 감정의 처리 방식, 아이에게 고스란히 드러난다.
자식은 부모의 행동을 배운다. 말이 아니라 표정에서,
가르침이 아니라 일상에서.
그래서 부모로 산다는 건 하루하루 내 모습을 돌아보는 일이다.
좋은 부모가 되기 위한 시작은 완벽해지려는 게 아니라,
솔직하게 나를 바라보는 일이다.

Date   /   /

12 나를 위한 용서

어떤 이들에겐 부모란 여전히 지워지지 않는 상처다.
하지만 그 상처를 붙들고 내 삶까지 휘청거리게 둘 순 없다.
용서란 그들을 위한 것이 아니라 결국 나 자신을 위한 결정이다.
과거의 나를 불쌍히 여기기보다 지금의 나를 건강하게 만들고 싶다면, 그 감정을 손에서 놓아야 한다.
용서는 기억을 지우는 게 아니라 더 이상 그 기억에 끌려가지 않겠다는 선언이다.
그리고 그것은 삶을 앞으로 움직이는 힘이 된다.

Date   /   /

13 실수한 동료에게 필요한 말

누군가 실수했을 때, 우리는 종종 정답만 말한다.

"왜 그렇게 했어?", "다음부터는 조심해."

그러나 그 순간 가장 필요한 말은 "괜찮아, 누구나 실수해."일지도 모른다.

직장에서도 사람은 실수하고 때로는 감정적으로 휘청인다.

그럴 때 누군가의 말 한마디가 그 사람을 다시 일으킨다.

우리는 누군가에게 다정한 말 한마디가 필요했던 순간이 있다.

이제는 우리가 그 말이 되어 줄 차례다.

Date   /   /

14 인정받지 못해도 나를 지키는 마음

노력했지만 아무도 몰라줄 때 그럴 때마다 스스로를 믿는 연습을 해야 한다.
내가 얼마나 애썼는지 내가 제일 잘 알지 않던가.
세상이 알아주지 않아도 내 마음은 내가 알아주자.
이유 없는 질투와 외면 앞에서도 무너지지 않으려면 내가 나를 인정해 주는 것이 첫걸음이다.
직장에서도 결국, 나를 지키는 힘은 외부가 아닌 내 안에서 나온다.
작은 인정과 믿음이 모여 나를 지탱하는 단단한 힘이 된다.

Date   /   /

두 번째 계절

위로: 조용한 저녁, 나에게 건네는 말

김현근 작가

김현근 작가는요?

특허 실무자로 10년 넘게 일하며 가장으로서 책임감 있게 살아가고 있다. 그 과정에서 보다 나은 인생은 없을까를 고민했고, 사주와 타로를 만나 제2의 인생을 설계하고 있다. 현재는 본업(특허 실무)과 상담(사주 & 타로)을 병행하며, 브런치 작가로서 독서하고 글을 쓰며 나답게 살아가는 길을 만들어 가고 있다. 작년에 첫 공저 『나를 위한 시간, BEST』를 출간하며, 글을 통해 삶의 방향을 계속 탐구하고 있다.

위로의 계절을 쓰는 당신에게

우리는 하루에도 수없이 무너지고 다시 일어섭니다. 세상이 너무 빠르게 흘러 나만 뒤처진 듯 느껴질 때도 있지요. 그럴수록 잠시 멈춰 서서 스스로에게 조용히 말해 보세요.
"괜찮아, 오늘도 잘하고 있어."

이 책의 글들은 거창한 위로가 아니라, 바쁜 일상 속에서도 나를 잃지 않으려는 작은 다짐들입니다. 각 글의 마지막 문장은 필사로 남기기에 좋은 문장들입니다. 천천히 써 내려가며 스스로에게 위로의 말을 건네 보세요. 그 시간 속에서, 오늘보다 조금 더 단단한 내일을 만나게 될 거예요.

01 오늘도 나를 믿는다

차가운 새벽 공기가 코끝을 스친다.
아직 세상은 잠에서 덜 깬 듯 조용하지만,
희미한 가로등 불빛 사이로
천천히 밝아오는 도시가 보인다.
지하철 창에 비친 나의 지친 얼굴에는
희미하지만 분명한 다짐이 겹쳐진다.
어제의 피로도, 남겨진 걱정도
이 아침엔 잠시 내려놓는다.
조용히 숨을 고른다.
그리고 또 한 번 나를 믿으며,
오늘을 향해 걸어간다.
오늘의 불안보다 오늘의 나를 더 믿어 보자.

Date   /   /

02 커피 한 모금에 스민 온기

책상에 앉아 커피 한 모금을
천천히 입에 머금는다.
아직 완전히 깨어나지 못한 정신에 충격을 가하듯,
온몸에 따뜻한 온기가 스며든다.
조용한 사무실, 바삐 움직일 시간이 오기 전
잠시의 틈이 나를 일상으로 이끈다.
어제의 흔들림도, 오늘의 부담도
이 커피 한잔에 잠시 녹여 본다.
그리고 조용히 다짐한다.
오늘도 괜찮을 거라고,
스스로에게 다정히 말한다.
작은 루틴 하나가 마음을 단단하게 만든다.

Date   /   /

03 식사는 곧 나를 챙기는 일

쌓여가는 일 속에서 잠시 멈춰 선다.
따끈한 밥상이 조용히 앞에 놓이고,
바쁘게 달리던 마음도 조금은 느슨해진다.
밥과 반찬의 냄새가 코끝에 스며들고,
창밖 햇살은 잠시 숨 쉴 틈을 만들어 준다.
이 짧은 시간이 주는 온기는 생각보다 더 따뜻하다.
단지 허기를 채우는 시간이 아니라,
내 안의 고단함을 달래 주는 시간이다.
그렇게 나는 다시 나를 챙긴다.
따뜻한 밥 한 끼가 마음을 위로하는 법을, 이제야 알겠다.
끼니를 챙기듯, 나를 조금 더 아껴야 한다.

Date   /   /

04 산책은 생각의 통로

오랜만에 햇살이 따뜻하다.

밥을 먹은 후 잠시 걷는다.

바람은 부드럽고, 하늘은 생각보다 맑다.

복잡했던 머릿속과 걱정스러운 마음이

몇 걸음 걷는 사이 조금은 가벼워진다.

불현듯 멈춰 서서 나뭇잎 사이로 스며드는 빛을 본다.

지금, 이 순간, 크게 숨을 쉰다.

잠깐이지만 그 짧은 고요가

오후를 버틸 작은 힘이 되어 준다.

걸음을 늦추면 보이지 않던 길이 열린다.

Date   /   /

05 함께 있는 시간만으로도 위로가 되는 순간

바쁜 일상 속에 잠시 주어진 휴식 시간이다.

누군가 조용히 묻는다.

"차 한잔 어때요?"

그 제안에 마음이 편안해진다.

따뜻한 차에서 번지는 향기를 따라 나도 모르게 미소가 지어진다.

소소한 이야기와 눈인사만으로도 묘하게 위로가 되는 시간,

잠깐의 여유지만 새로운 힘을 얻는다.

편안한 사람과의 시간은 그 자체로 좋다.

좋은 사람이 곁에 있으면, 말이 없어도 위로가 된다.

Date   /   /

06 비 오는 날의 창가에서

비가 내린다.

창밖은 흐리고 마음도 비에 젖듯 무겁다.

잠시 일을 내려놓고,

창문 밖으로 떨어지는 빗방울을 바라본다.

빠르게 쏟아지는 것 같았는데,

막상 지켜보니 빗방울이 무심하게 떨어진다.

조금은 느려도 괜찮다고,

잔잔한 빗소리가 말을 거는 것 같다.

오늘은 그냥 이대로 있어도 괜찮다.

빗소리 속에서 마음이 천천히 풀어진다.

이렇게 멈추는 날이 있어야 다시 나아갈 힘이 생긴다.

Date   /   /

두 번째 계절, 위로: 조용한 저녁, 나에게 건네는 말

07 일상 속의 반짝임을 기억해

퇴근길, 문득 작은 꽃 한 송이가 눈에 들어온다.
누군가 무심코 놓고 간 듯한 그 꽃이
하루의 끝에 서 있는 나를 반겨 준다.
모니터 속 무채색 화면에 익숙해진 눈이,
화려한 색감에 잠시 정화된다.
바쁜 걸음 속에서도 놓치지 말아야 할 것들이 있다.
사소해 보여도, 별거 아닌 것 같아도 우리 곁엔 늘 반짝임이 있다.
나는 내일도 이 길을 걷는다.
그리고 또 주변을 둘러보겠지.
그 반짝임이 오늘의 나를 버티게 했음을 기억하며.
반짝임은 멀리 있지 않다. 늘 내 일상 가까이에 있다.

Date   /   /

08 책 한 권, 나를 꺼내는 시간

늦은 오후 시간, 사무실엔 타자 소리만 들려온다.
복잡한 머릿속을 식히기 위해 책 한 권을 펼친다.
그저 문장 몇 줄 읽었을 뿐인데 시간이 훌쩍 지나간다.
그러다 어느 순간, 내 생각들이 조용히 말을 걸어온다.
책 속 어딘가에 지금의 내가 있다는 사실이 묘하게 위로가 된다.
한 챕터를 덮으면, 조금은 단단해진 나를 만난다.
지쳤다면, 책 한 권쯤 읽어보자. 마음이 조금 달라질지도 모른다.

Date   /   /

두 번째 계절, 위로: 조용한 저녁, 나에게 건네는 말

09 낯선 길에서 마주한 나

낯선 동네, 낯선 골목길을 걷는다.

모퉁이 너머에 익숙한 풍경이 보인다.

생각보다 낯설지 않은 곳에 서 있는 나와 마주한다.

익숙함에 갇혀 있던 안개가 걷히려면,

가끔은 길을 잃어야만 한다.

그래야 새로운 나를 만날 수 있다.

그 낯섦 속에서 나를 다독이는 힘이 자란다.

익숙함을 벗어날 용기, 그것이 성장의 시작이다.

Date   /   /

10 불 꺼진 방 안의 고요

늦은 밤, 방 안의 불이 꺼진다.
어둠 속 천장을 바라보며 조용히 하루를 떠올린다.
온종일 달리느라 지친 몸과 마음이 쉼을 청한다.
아무도 묻지 않는 이 시간, 비로소 나에게 묻는다.
'괜찮았냐고, 수고 많았다고.'
그러곤 대답 대신 눈을 감는다.
그것만으로도 충분한 위로가 된다.
고요한 시간 속에서, 내가 원하는 게 조금씩 보인다.

Date   /   /

11 익숙한 노래에 기대어

이어폰을 끼고, 익숙한 멜로디를 듣는다.

언제 들어도 좋은 그 노래,

한 소절 따라 부르면 마음이 조금은 가벼워진다.

말로 다하지 못한 오늘의 감정을 음악이 대신 안아 준다.

노래 한 곡에 위로받는 저녁,

나는 오늘도 살아 냈구나 싶다.

어떤 말보다, 음악이 더 위로가 되는 순간이 있다.

Date   /   /

12 조금 느린 하루의 여유

오랜만에 연차를 냈다.

늘 바쁘게만 지나치던 동네 카페에 들러, 커피 한잔을 주문한다.

창가 자리에 앉아 책을 읽는다.

햇살이 테이블 위를 비추고,

그 위로 책장을 넘기는 손이 따라간다.

몇 페이지 읽었을 뿐인데 마음이 편안해진다.

오늘 하루만큼은 나를 위한 시간이라고,

조용히 선언해 본다.

이렇게 사소한 하루가 참 소중하다.

조금 늦어도 괜찮다. 내 속도로 가면 된다.

Date   /   /

13 한여름 창밖을 지나며

평소와 다를 바 없는 출근길,
익숙한 버스 창밖 풍경이 오늘은 낯설게 느껴진다.
강하게 내리쬐는 햇살,
가로수 위로 비친 이른 아침의 공기까지
여름의 기운이 짙다.
요즘 괜스레 마음이 붕 떠 있는 것 같아
창밖 풍경에 오래 시선이 머문다.
어쩌면 이건, 바꾸고 싶은 마음의 징조일지도 모른다.
늘 같은 길을 지나도 느끼는 감정은 다르다.
그게 삶이고, 계절이고, 나다.
계절이 바뀌듯, 나도 조금씩 적응해 가면 된다.

Date   /   /

14 고요한 주말의 아침

평일의 분주함과는 다른 고요함.

주말 아침, 조금 느리게 일어나 미지근한 물로 얼굴을 씻는다.

창밖 햇살이 스며드는 시간, 지친 몸이 천천히 풀린다.

아무것도 하지 않아도 괜찮은 날,

그 자체로 회복이 되는 시간.

이런 여유가 있었음을 잊지 않기를 바란다.

쉬는 건 게으름이 아니라, 나를 돌보는 일이다.

Date   /   /

두 번째 계절, 위로: 조용한 저녁, 나에게 건네는 말

15 퇴근길, 나에게 보내는 박수

오늘도 하루를 버텼다.
작은 실수도 있었고, 예상치 못한 일도 있었지만
그래도 끝까지 해냈다.
퇴근길 지하철 창에 비친 나를 바라본다.
오늘의 나에게, 작은 박수를 보낸다.
수고했어, 정말 잘했어.
누가 알아주지 않아도,
나는 내가 얼마나 애썼는지 아니까.
오늘의 끝에, 나를 다독이는 시간.
이렇게 오늘의 끝에서, 나를 다독인다.
완벽하지 않아도 괜찮아. 오늘의 나를 응원하자!

Date   /   /

세 번째 계절

극복: 내 삶을 지켜 준 작은 별들

박윤하 작가

박윤하 작가는요?

성신여자대학교 중어중문과를 졸업했다. 중국에서 5년간 유학과 현지 취업을 병행했고, 귀국 후에는 요식업·제조업 현장에서 일하며 성실과 올바름을 삶의 기준으로 삼아 왔다. 동물 구조와 환경 보호 활동에 관심을 두고 작은 실천을 이어 간다. 굴곡을 성장의 자산으로 삼아 지금은 사랑과 평온을 중심에 두며 음악·독서·전시 관람과 일상의 나눔에서 기쁨을 느낀다.

극복의 계절을 쓰는 당신에게

천둥이와의 이별, 몇 달 뒤 아버지의 죽음,
사랑하는 노루의 마지막까지…

연이어 닥쳐온 불행은 마치 저를 거대한 파도처럼 집어삼키는 듯하여, 도저히 일상으로 돌아갈 수 없을 것만 같았습니다. 그러나 힘든 시간을 보내고 쉰이라는 나이에 이르러 깨달은 것은 극복의 힘과 살아갈 힘 모두 제 안에 있다는 사실입니다. 이제 저는 떠나간 사랑하는 이들을 모두 가슴에 품고, 새로운 반려견의 엄마가 되어 씩씩하고 행복하게 살아가고 있습니다. 여러분께서도 저처럼 늘 건강하시고 행복하시기를 진심으로 바랍니다.

 닫힌 마음, 새 만남

보호소 철창 안에서 바들바들 떨던 아이,
성남보호소의 별이(24_0620).
그 모습을 바라보던 저는
마음의 철창에 갇혀 있던 제 자신을 떠올렸어요.
수많은 아이 중 별이를 만난 건 우연이었을까요,
아니면 정해진 인연이었을까요?
하늘의 노루를 꼭 닮은 별이는
7개월 동안 임시 보호를 하며
별이는 제게 없어서는 안 될 존재가 되었고,
지금은 정식으로 입양하여 따뜻한 가족이 되어 함께 살고 있어요.

Date   /   /

02 별이의 뜻밖의 비밀

별이는 처음 집에 왔을 때 배변도 완벽했고, 산책도 정말 좋아했어요.
침대 위에서 제게 기대며 편하게 쉬던 사랑스러운 아이였죠.
금세 적응하겠다 싶었어요.
그런데 2주쯤 지나 목욕 중 갑자기 입질을 보였고,
다른 강아지들에게도 예민하게 반응했어요.
지금은 많이 나아졌지만, 그땐 입양이 어려울까 걱정했어요.

Date   /   /

03 별난 너에게 빠져들다

별이는 자기주장이 강하고 개성이 뚜렷한 아이예요.
잠들기 전이면 10kg의 몸으로 이리저리 뛰며 제게 애교를 부려요.
이름처럼 천방지축이지만 함께 지낼수록 새로운 매력을 발견해요.
까불까불하다가도 제 뒤를 졸졸 따라다니는 '엄마 껌딱지'가 되죠.
볼수록 사랑스러운, 정말 매력적인 아이예요.
오늘도 저는 그 매력에 푹 빠져들어요.

Date   /   /

04 내 심장의 별 하나

별이가 사흘째 먹은 걸 토하길래 급히 병원으로 데려갔어요.

검사 결과 염증 수치가 높아 정밀검사를 진행했어요.

'내가 뭘 잘못한 걸까, 결과가 나쁘면 어쩌지?'

하는 생각에 대기실에서 눈물이 쏟아졌어요.

한 시간 뒤 세균성 장염이라는 진단을 받았고,

그날 저는 별이가 제 마음 깊은 곳에 자리 잡았음을 느꼈어요.

사랑하는 별아, 앞으로는 아프지 말고 행복하자.

Date   /   /

05 너와 함께 마주한 아름다운 세상

별이는 새벽과 저녁, 하루 두 번 산책해요.

토요일 새벽 4시,

오이도의 하늘은 핑크빛과 보랏빛이 어우러져 정말 신비로웠어요.

일찍 일어난 사람만 볼 수 있는 선물 같았어요.

휴대전화로 사진을 찍었지만 그 아름다움은 다 담기지 않았어요.

새벽 공기가 볼을 스치며 마음까지 맑아졌어요.

오늘도 우리는 같은 속도로 천천히 걸어요.

별이는 제게 행복을 선물하는 소중한 복덩이예요.

Date   /   /

06 소중한 번개의 선물

두 번의 인공수정과 세 번째 시험관 시술을 거치며
몸도 마음도 지쳐 갔어요.
그때 우울증에 좋다는 말을 듣고 아가 천둥이를 데려왔어요.
가슴의 하얀 번개무늬가 있던 게 특이했던 천둥이는
제게 삶의 온기를 전해 줬어요.
차 안에서 안아주던 순간,
'하늘나라 갈 때까지 지켜줄게'라는 약속이 마음에 새겨졌어요.
남편은 습관을 들인다며 그 작은 아이를 거실에 두었지만,
저는 그게 안쓰러워 옆에 누웠어요.
천둥이는 제 품에서 잠들었고,
저는 그 순간 완전히 사랑에 빠졌어요.

Date   /   /

07 절망 속 너의 눈빛, 희망

여섯 번째 시험관 시술 진행 중
깊은 우울에 빠져 매일 조금씩 무너져 갔어요.
'이젠 다 놓자…'라는 생각으로 12층 창가에 섰을 때,
천둥이가 갑자기 크게 짖었어요.
돌아보니 그 눈빛엔 말로 다할 수 없는 감정이 담겨 있었어요.
그 순간, 입양하던 날의 약속이 떠올랐고
저는 천둥이를 꼭 안고 펑펑 울었어요.
천둥이는 제 생명을 구한 아이예요.
지금도 그 덕분에 살아가요.

Date   /   /

08 피어난 생명의 빛

외로운 천둥이에게 친구를 만들어 주고 싶어

남양주 보호소를 찾았어요.

소장님이 여러 아이를 소개해 주셨는데,

구석에서 조심스레 얼굴을 내미는 한 아이가 눈에 들어왔어요.

그 아이의 이름은 '노루'.

100여 마리의 유기견이 희생된 화재 속에서

기적처럼 살아남은 생명이었어요.

그 순간 느꼈어요.

이건 우연이 아니라 새로운 빛으로 이어질 인연의 시작이었어요.

Date   /   /

09 어느새 단단해진 연결

처음에 노루는 천둥이가 자신을 따라다니는 것도 힘들어했어요.
작은 소리에도 놀라 숨고, 산책 중엔 빗자루 든 사람을 무서워했어요.
서로에게 낯설고 어려운 시간이었어요.
그러던 어느 날 산책 중에 노루가 가슴줄을 벗고 도망쳤어요.
머리가 하얘졌지만
놀랍게도 그 아이는 멀리 가지 않고 그 자리에 앉아 저를 기다렸어요.
그날 이후 겁 많던 노루는 제 사랑둥이가 되었어요.

Date   /   /

세 번째 계절, 극복: 내 삶을 지켜 준 작은 별들

10 함께 빛난 우리의 시간

천둥이와 노루는 어느새 둘도 없는 친구가 되었어요.

노루는 다정하고 양보할 줄 아는 형이었고,

천둥이는 그런 노루를 든든히 지켜줬어요.

둘은 언제나 한 방석에 꼭 붙어 있었고,

산책할 때면 나란히 걸음을 맞췄어요.

기분이 좋을 땐 장난치며 레슬링도 했어요.

천둥이는 '닥스훈트계의 신사',

노루는 소심하지만 애교 많은 '가시나'였어요.

정말 두 아이는 하늘이 제게 보내 준 천사들이었어요.

Date   /   /

11 별들과의 마지막 인사

열한 살 천둥이가 갑자기 세상을 떠났어요.
가망이 없다는 말을 듣고, 남은 보름을 함께했어요.
아픈 몸으로도 제 곁을 지키던 천둥이는
마지막까지 스스로 화장실을 다녀왔어요.
4년 뒤 노루도 떠났어요.
열일곱 살, 조용하고 착한 아이였어요.
작은 소리로 아픔을 참던 모습이 가슴 아팠어요.
두 아이 모두 마지막 순간까지 저를 위해 줬어요.
그들은 단순한 가족이 아니라,
제게 세상에서 가장 소중한 아들들이었어요.

Date   /   /

12 나의 길을 걷다

원래 저는 고기보다 야채를 더 좋아했어요.
하지만 어느 날부터 고기를 먹으면 몸에 이상한 반응이 생겼어요.
그 일을 계기로 해산물과 계란, 우유는 먹는
'페스코 베지테리언'이 되었어요.
주변의 시선이 따뜻하진 않지만 제 선택을 후회하지 않아요.
채식은 단순한 식단이 아니라 동물을 향한 사랑이자 제 신념이에요.
사람마다 다르듯 식습관도 다양할 수 있다고 생각해요.
저는 채식이 그런 다양성으로 인정받는 세상이 오길 바라요.

Date   /   /

13　떠난 사랑에 바치는 삶

어릴 적 할아버지의 임종을 시작으로,
30대 이후엔 천둥이와 아버지, 노루까지 연이어 떠나보냈어요.
사랑하는 이의 죽음은 쉽게 치유되지 않는 깊은 상처로 남아요.
하지만 그 슬픔이 옅어지더라도
자신을 탓하거나 미안해하지 않았으면 해요.
저 역시 "하늘에 있는 천둥이와 노루가 네가 행복하길 바랄 거야."
라는 말을 받아들이기까지 오랜 시간이 걸렸어요.
이제는 그들을 마음에 품고 지금을 행복하게 사는 것이
떠난 이를 기리는 가장 아름다운 방법이라 믿어요.

Date   /   /

14 내 삶을 빛내는 보석들

내 삶의 전부였던 노루와 천둥이,

이제는 곁에 없어요.

하지만 그 빛나던 아이들을 슬픈 기억 속에 묶어 둘 순 없어요.

마음에 떠오를 때마다

변치 않는 보석처럼 반짝이도록 예쁘게 기억할 거예요.

하늘에 가면 그 아이들을 다시 만나 정말 행복할 거예요.

나의 노루, 나의 천둥이,

그곳에서 엄마도 잊고 마음껏 뛰어놀아.

내가 하늘에 닿으면 단 한 번만 만나 줘. 한 번만…

Date   /   /

네 번째 계절

철학: 오늘을 버티게 하는 힘

윤진선 작가

윤진선 작가는요?

사람의 마음을 이해하고, 글로 치유하는 작가이자 역철학자(易哲學者). 첫 저서 『어쩌다 강남역 분식집』에서는 분식집에서의 일상과 그 속에서 깨달음을 유쾌하게 담아냈다. 『사주심리학 입문편』에 이은 세 번째 저서 『하루 한 장, 일곱 계절을 쓰다』에서는 '필사'를 통해 자신을 이해하고, 마음을 위로하는 순간을 전한다. 현재 동방문화대학원에 재학, <더윤 아카데미>, <선명원격평생교육원>의 대표로서 강의와 저술 활동을 이어가며, 사람들이 자신의 삶을 새롭게 깨닫고, 주도적으로 살아갈 수 있도록 돕는 길 위에 서 있다.

철학의 계절을 쓰는 당신에게

　하루를 살아내는 일은, 생각보다 쉽지 않습니다. 때로는 다 그만두고 싶을 만큼, 삶의 무게가 버겁게 느껴지기도 합니다. 하지만 신기하게도 우리 안에는, 그 모든 것을 견디고 다시 일어서게 만드는 '버티는 힘'이 존재합니다. 다음 14편의 글을 통해, 저를 붙잡고 다독였던 '버팀'의 기록을 공유하려 합니다. 마지막 글에 적은 '그래, 다 괜찮아질 거야.' 바로 이 한 문장이 어쩌면 제가 여러분께 건네고 싶은 말일지 모릅니다. 지금의 삶이 완벽하지 않아도, 오늘을 버티고 살아가는 과정을 통해, 더 단단하고 지혜로운 사람이 되기를. 저의 글이, 오늘의 당신을 버티게 하는 힘이 되길 바랍니다.

01 한 걸음이 길을 만든다

확신이 없다는 이유로, 혹은 준비가 완벽하지 않다는 핑계로 주저앉곤 한다.
하지만 그 멈춤은,
내가 나아갈 수 있는 길, 그 자체를 지워 버리기도 한다.

사실 시작은 거창하지 않아도 된다.
가장 중요한 것은 '실행'이다.
머뭇거림이 아니라 한 걸음의 움직임이 필요하다.

'실패해도 괜찮아. 길은 언제든 다시 만들 수 있어.
아주 작더라도, 한 걸음 내디뎌 보자.'

Date   /   /

02 미워하는 감정

마음속에 피어나는 '미움'
마치 그 마음이 잘못된 것처럼, 억지로 감추고 지우려고 한다.

하지만 미움의 감정을 느낀다는 것은, 내가 살아 있다는 증거다.
사실 내가 미움을 느꼈다고 해서 나쁜 사람이 되는 건 아니다.
그저 사람답게 살고 있다는 뜻이다.

지금 마음속에 미움이 자리하고 있다고 해서, 자책하지 말길.
그 감정을 인정하고 마주할 때,
나는 더 단단해질 것이다.

'나는 지금, ○○를 미워하고 있어.'
이 솔직한 고백이, 오늘의 나를 살린다.

Date   /   /

03 그날의 미친 용기

문득 그날의 일이 주마등처럼 떠오를 때가 있다.

아무렇지 않게 하루를 보내다가도, 갑자기 머릿속에 재생된다.

'도대체, 내가 왜 그랬을까?'

그땐 용기 있는 선택이라 생각했는데,

지금 돌이켜 보면 후회가 되는지, 발을 동동 구르게 된다.

그래도 어찌하랴?

이미 주사위는 던져졌는데.

'만약 그때로 다시 돌아간다면 다른 선택을 할 거야?'

내 마음에 물어본다.

'아니! 그게 최선이었어.'

그렇다면 어쩔 수 없다.

이불 좀 차도 괜찮다.

'그래도 나 그때… 진짜 멋졌어. 조금 미친 것 같았지만.'

Date   /   /

04 고장 난 세탁기

고장 난 세탁기 옆에 멍하니 앉아 있다가, 울컥 눈물이 나고 말았다.
사실 어제, 오늘만의 문제가 아니었다.
어떤 날은 잘 돌아가 주어 고맙다가도,
어떤 날은 배수에 문제가 생겼다며 요란하게 경고음을 울렸다.
청소도 해주고, 전문가도 불러 수리도 받았지만 내 마음처럼 움직여 주지 않았다.

그리고 오늘, 또 멈춰버린 세탁기를 바라보다가
문득 이런 생각이 들었다.
'이 세탁기처럼,
매일을 감당하며 묵묵하게 버텨 온 나는 지금 괜찮은 걸까?'

멈춰 선 세탁기를 바라보며, 나를 바라본다.
그냥 괜찮은 척, 버틸 만한 척한 것은 아닐까?

Date   /   /

05 그때의 내가, 잘할 거야

할 일이 잔뜩 쌓여 있을 때면, 답답한 기분이 든다.
책상 앞에 앉아 있지만, 아무것도 손에 잡히지 않고 머릿속은 하얗다.
어쩐지 평소보다 심장 소리도 더욱 크게 들리는 것 같다.

이럴 때마다 떠올리는 문장이 있다.
허둥대는 나에게, 옆에 있던 친구가 해 준 말이다.
묘하게 이 말을 떠올리면 신기하게도 기분이 가벼워진다.

"진선! 그건 그때의 네가 알아서 잘할 거야. 미리 걱정하지 마!"

이 말은 내 불안과 걱정을 사르르 녹여 버린다.
맞아. 분명 '미래의 나'는 오늘보다 더 지혜롭고 강해져 있을 거다.

Date   /   /

06 시간을 사는 사람

시간은 모두에게 공평하다.
나는 이 시간을 그저 흘려보내는 사람이 아니라,
시간을 '사는' 사람이 되고 싶다.
소중한 것을 얻기 위해 노력하는 것처럼,
주어진 시간을 잘 활용하는 사람이 되고 싶다.

시간이 없다고 한숨 쉬지 말고, 주어진 시간을 낭비하지 말자.
삶은 생각보다 길고, 삶의 의미를 채워 나가기 충분하다.

시간이 부족하다고 느낀다면,
시간을 '소비'하지 말고 '투자'하자.
시간에 '쫓기지' 말고 '주도'하자.

Date   /   /

07 희끗한 머리 감추기

언제부터였을까.

머리카락 사이로 흰 머리카락이 하나둘씩 보이기 시작했다.

처음에는 왠지 '어른'이 된 기분이 들어, 막연한 용기도 생겼다.

지금은 한 달에 한 번, 염색해야 할 정도로 흰머리가 우습게 자란다.

그럴 때마다 나는 염색약으로 희끗희끗한 머리카락을 감춘다.

시간이 지나면 다시 솔직하게 드러나는 흰머리인데,

내가 억지로 이 흔적들을 지우고만 있는 것 같아 씁쓸하다.

삶의 무게감을 알게 되어, 염색한 머리카락 뒤로 숨고 싶은 건지.

아니면 내가 아직 어른이 아니란 걸 알고 있어, 감추고 싶은 건지.

Date   /   /

08 선택하는 사람 vs 선택받기를 기다리는 사람

세상엔 두 분류의 사람이 있다.
선택하는 사람과 선택받기를 기다리는 사람.

선택하는 사람은 주도적인 사람으로,
자신의 목표를 향해 거침없이 나아간다.
선택받기를 기다리는 사람은 수동적인 사람으로,
남의 눈에 띄기만을 기다린다.

나는 이왕이면 '선택하는 사람'이 되고 싶다.
선택받기를 하염없이 기다리기보단
실패하더라도, 내 의지대로 선택하고 살고 싶다.

내 삶의 주인공이 되고 싶다.

Date   /   /

가장 지혜로운 사람, 소크라테스

세상에서 '가장 지혜로운 사람은, 소크라테스'라는 신탁이 내려졌다.
이에 소크라테스는 의문을 가졌다.
내가 어찌하여 가장 지혜로운 사람이라는 걸까?

그는 이 물음에 대한 답을 찾으러 길을 나섰다.
직업과 신분에 구별 없이, 여러 사람을 만나 이야기를 나눴다.
그러던 그는 마침내 답을 찾았다.

사람들은 자기가 정확하게 알지 못해도,
자신이 모른다고 생각하지 않는다.
하지만 소크라테스는 자신이 모른다는 사실을 알았고,
그 답을 찾기 위해 고민했다.

모른다는 것을 아는 것.
그것이 바로 '지혜로운 사람'이다.

Date   /   /

10 잡을 수 없는 것

계곡에 놀러 갔다.
신발을 가지런히 벗어 두고 계곡물에 발을 담갔다.
계곡물에 손을 넣어 느껴 본다. 그리고 움켜쥐어 본다.

잡은 듯하면서도, 손안에 아무것도 없다.
다시 물에 넣어 움켜쥐어 봐도 남은 것이 없다.
그래. 물처럼 바람처럼 애초에 잡을 수 없는 것들이 있다.

그런데도 왜 자꾸 잡아 보고 싶은지.
아직도 미련이 남는 건지 모르겠다.

Date   /   /

11 달달한 음료가 주는 위로

평소에는 쓰디쓴 아메리카노를 마시지만, 오늘은 다른 선택을 했다.
시럽이 듬뿍 들어간, 달달한 음료를 주문했다.

빨대로 크게 한 모금 들이마신다.
순간의 달달함이 몸 안으로 퍼진다.

아침에 울컥했던 서러움이 달달함에 물든다.
내 울먹임이 달콤하게 물들어 간다.

Date   /   /

12 라면의 감정 I

화끈한 분노 '신라면'

화끈하게 풀 곳도 없는, 그런 화가 났을 때
매운 국물을 들이켜면 속이 뻥 뚫린다.

'그래, 인생 뭐 있냐. 매운맛으로 다 태워 버리면 되지!'

면발을 후후 불어대며 젓가락질하다 보면, 눈물인지 땀인지 모를 것들도 흘러내린다.
분노 조절? 필요 없다.
신라면 한 그릇이면 충분하다.

Date   /   /

13　라면의 감정 Ⅱ

응급처치에는 '컵라면'

뜨거운 물을 붓고, 면이 익기를 기다리는 시간 3분.
그동안에는 세상에 있던 모든 고민도 잠시 멈춘다.

"그래, 지금은 그냥 버텨. 곧 괜찮아질 거야."

컵라면은,
3분이면 언제 어디서든 달려오는 응급처치 약이다.

Date   /   /

14 그래, 다 괜찮아질 거야

여러 일들을 한꺼번에 몰렸다.
마무리하는데, 시간이 생각보다 오래 걸렸다.

멍하니 앉아 있다가, 나도 모르게 큰 한숨을 내쉬었다.
마음속 깊이 쌓여 있던 조바심이, 그만 입 밖으로 나와 버렸다.

그 소리를 들었는지, 아들이 내 곁으로 조심스럽게 다가왔다.
"다 괜찮아질 거야"라고 말하며, 내 어깨를 토닥여 준다.

생각지 못한 아들의 그 한마디에, 눈물이 핑 돈다.

"응! 다 괜찮아질 거야."

Date   /   /

다섯 번째 계절

치유: 아픈 마음을 위한 셀프 처방전

지선 작가

지선 작가는요?

전문직으로 살아왔지만, 가족 중 가장 낮은 스펙을 가진 사람이라는 묘한 열등감을 가지고 있다. 책을 가까이하려 애쓰지만 결국 드라마 채널로 돌아가고 만다. 온라인 필사 모임에 덜컥 발을 들였으나, 글과 친해지는 일은 체중 감량만큼이나 고통스럽다. 그럼에도 불구하고, 주변 사람들로부터 어느새 작가라고 불리기 시작한다. 다재다능하고 다정한 사람들에게 '묻어가면서' 기회를 잡은 것이다. 이러한 소중한 행운을 더 많은 사람에게 전파하고 싶어 한다.

치유의 계절을 쓰는 당신에게

어린 시절 부모님으로부터 받았던 수많은 상처는 세월이 흘러도 치유되지 않은 채 남아 있었습니다. 그 상처들이 아물기는커녕 날이 갈수록 깊어지고 있다는 걸 최근에야 깨달았습니다. 학업에, 직장에, 결혼에, 육아에, 부모님 봉양에 바쁘게 사는 동안, 정작 제 안의 상처는 얇은 거즈로 덮인 채 숨겨져 있던 것입니다. 거즈를 들치면 금방이라도 고름이 흐르니, 또 그냥 모르는 체하며 덮어 두기를 반복했을지도 모릅니다.

나이가 한참 들고난 후에야, 비로소 지금이라도 제 상처를 부모님께 털어놓고 치유 받고 싶은데, 부모님 두 분 모두 치매 증상이 시작되었습니다. 정상적인 대화도 어려울뿐더러 두 분의 기억은 점점 더 지워지고 있습니다. 이제 저는 스스로 자가 치유의 방법을 찾아내야만 하는 상황에 몰려 버렸습니다.

그때 만난 책『당신의 마음에 영화를 처방해 드립니다(저자: 전우영)』는 스스로 마음의 위로를 만들어 내는 자가 치유의 방법을 알려 주었습니다.

01 영화와 드라마가 치유해 준 고정관념

〈우리들의 블루스(Our Blues)〉와 〈니얼굴(Please Make Me Look Pretty)〉

현대사회에서 가장 대표적인 간접 체험 경로는 바로 영화와 드라마다.
영화와 드라마는 즐거움의 대상이기도 하지만
우리가 가장 자주, 그리고 가장 편한 방식으로
새로운 지식을 획득하는 사회학습의 수단이기도 하다.
그 내용이 독이면 우리를 망가뜨릴 수도 있고, 약이면 우리를 치유할 수도 있다.
〈우리들의 블루스〉와 〈니얼굴〉은 드라마와 영화를 통해
우리가 가지고 있던 장애에 대한 잘못된 고정관념을 치유할 수 있게 해 줬다.
덕분에 장애에 대한 제대로 된 지식을 학습할 수 있었다.
그리고 어떻게 장애와 함께 살아가야 하는지를 배울 수 있었다.

Date   /   /

02 공감 본능을 갉아먹는 권력의 맛

〈광해, 왕이 된 남자(Masquerade)〉

사람들이 아기 때부터 가지고 있던 공감 능력을
갉아먹는 것 중 하나는 바로 권력의 맛이다.
권력은 그것을 가진 자가 다른 사람의 눈치를 보지 않고
원하는 것을 취할 수 있는 자유를 제공한다.
그 결과, 권력의 맛을 보게 되면 사람들은 다른 사람들의 관심사에
둔감해지고,
자신의 목표와 욕구를 충족시키는 데만 집중하는 경향이 커진다.
실제로 관계에서 더 많은 권력을 가진 사람(예: 상사, 형)이
상대적으로 적은 권력을 가진 상대방(예: 부하, 동생)의 감정이나
태도를 틀리게 판단하는 경우가 그 반대의 경우보다 많다.

Date   /   /

03 모두는 존재 자체로 쓸모 있다

〈미나리(Minari)〉

우리에게 쓸모 있는 것은 무엇일까?
팔 수 있는 것, 돈이 되는 것, 재미있는 것, 달콤한 것만이 쓸모 있는 것일까?
정이삭 감독의 자전적 영화인 〈미나리〉는
우리는 모두 존재 그 자체로 쓸모 있다는 것을 보여 준다.
공들여 키운 먹음직스러운 채소뿐만 아니라, 눈에 띄지 않는 물가에 조용히 자라난 미나리,
심지어 〈미나리〉의 화면을 평화로움으로 가득 채운 잡초들조차도 모두 쓸모 있는 존재이다.
단지 우리가 그 쓸모와 아름다움을 눈치채지 못한 채 지나갔을 뿐이다.
세상의 모든 존재는 존재 그 자체로 소중하다.
당신도 마찬가지다.

Date   /   /

04 사랑이 예쁘게 깨뜨려 주는 것

〈이상한 변호사 우영우(Extraordinary Attorney Woo)〉

사랑은 우리의 자아중심적 사고를 제일 예쁘게 깨뜨려 주는 친구다.
사랑하기 때문에 그 사람의 눈으로 세상을 보고 싶고, 그 세상을 받아들이고 싶어진다.
견고한 나의 관점을 내려놓는 것은 두렵고 고통스럽기도 하다.
많은 사람이 타인의 관점을 수용하는 것을 회피하는 이유다.
하지만 사랑은 두려움과 고통에 맞설 용기를 준다.
사랑은 우리가 보지 못했던 세상과 외면했던 사람들을 바라볼 힘이 된다.
사랑의 힘은 좁고 답답한 내 마음의 방에서 벗어나
더 크고 다양한 세상을 보고 인정하게 만든다.
사랑이 우리를 성장시키는 친구인 이유가 여기에 있다.

Date   /   /

05 나쁜 추억은 행복의 홍수 아래 가라앉게 하라

〈마담 프루스트의 비밀정원(Attila Marcel)〉

안타깝게도 지금까지 나온 기술 중에는 우리가 원하지 않는 기억을 없앨 방법이 없다.
하지만 다행히도 나쁜 기억을 없애지 않고도
아무렇게나 내민 손에 나쁜 기억 대신 다른 기억이 잡힐 수 있도록 만들 방법이 있다.
나쁜 기억을 행복한 기억의 홍수 아래 가라앉게 하는 것이다.
우리가 내민 손에 나쁜 기억 대신 좋은 기억이 잡히게 하려면,
좋은 기억들이 계속 배달되어서
기억 창고의 문 앞에 좋은 기억의 상자들이 가득 쌓이게 해야 한다.
그러면 무심코 내민 손에는 자연스럽게 나쁜 기억의 상자 대신 좋은 기억의 상자가 잡히게 된다.

Date   /   /

06 함께 부르는 노래의 힘

〈보헤미안 랩소디(Bohemian Rhapsody)〉

7만여 명의 관중들이 함께 발을 구르고 손뼉을 친다.

"쿵쿵, 짝!", "쿵쿵, 짝!"

드디어 프레디 머큐리의 목소리가 터져 나온다.

"위 윌, 위 윌, 록! 유(우리가 당신을 흔들어 버릴 거야)!"

노래는 우리를 흔든다.

함께 노래하는 우리가 서로 사랑하도록,

함께 노래하는 우리가 하나가 되도록.

사랑하는 사람과 함께 부르는 노래는 사랑을 더 크게 만들고,

친구와 함께 부르는 노래는 우정을 더 단단하게 만든다.

우리가 함께 노래할 수만 있다면 경쟁은 협력으로,

전쟁은 평화로 방향을 바꿀 것이다.

함께 부르는 노래는 우리와 세상을 변화시킨다.

Date   /   /

07 빈곤이 가장 먼저 무너뜨리는 것

〈기생충(Parasite)〉

무계획은 절대 실패하지 않는 계획이지만,
절대 성공할 수 없는 계획이기도 하다.
성공은 미래를 준비하고 계획하는 사람에게
주어질 확률이 높은 선물이기 때문이다.
하지만 빈곤은 심리적 자원을 고갈시켜서
미래를 계획하는 것을 불가능하게 만든다.
경제적 빈곤이 가장 먼저 무너뜨리는 것은
우리의 마음이다.

Date   /   /

08 그의 모습이 새겨지는 것을 허락한다

〈셰이프 오브 워터: 사랑의 모양(The Shape of Water)〉

물의 형태는 다양하다.
실험실 수조에 담긴 물과 버스 창에 떨어진 빗방울은 모양이 다르다.
어떤 모양의 컵에 담겨 있느냐에 따라 물의 외형은 크게 달라진다.
하지만 물이라는 본질은 동일하다.
사람의 형태도 다양하다.
다른 피부색, 다른 국적, 다른 몸, 다른 생각의 사람.
하지만 인간이라는 본질은 동일하다.
차별을 없애는 것은 그도 나와 다르지 않은 존재라는 생각이다.
사랑은 차별 없는 마음에서 자라난다.
그리고 사랑은 내 얼굴에 그의 모습이 새겨지는 것을 허락한다.

Date   /   /

09 마음의 상처가 더 오래 남는 이유

〈나의 해방일지(My Liberation Notes)〉

몸의 상처는 아물 때까지 다시 건드리지 않지만,
마음의 상처는 아물기도 전에 수도 없이 다시 되새김하면서 상처를
덧낸다.
몸에 난 상처보다 마음에 난 상처가 더 오래가는 이유다.
더 큰 문제는 몸의 상처가 다 아물기 전에 건드리면 상처가 덧나는
것처럼
마음의 상처도 되새김하면 할수록 더 깊어진다는 점이다.
처음에는 상처라고 부르기도 민망할 만큼 작았던 것들도
이를 곱씹으면 곱씹을수록 더 커지고 깊어진다.

Date   /   /

10 나를 규정하는 선택과 행동

〈뷰티 인사이드(The Beauty Inside)〉

변할 수 없는 것은 나의 선택과 행동의 역사다.
과거 내가 했던 선택과 행동은 이제는 돌이킬 수 없다. 그래서 변할 수 없다.
어떤 길을 선택했고, 누구를 사랑했고, 무엇을 위해 헌신했는지의 기록은 돌이킬 수 없는 것이다.
따라서 현재의 나는 어제까지의 내가 어떤 길을 선택하고 그 길을 어떻게 걸어왔는가에 의해 규정된다.
뷰티는 안에 있는 것도, 밖에 있는 것도 아니다.
나의 뷰티는 내가 했던 선택과 행동 안에 있다.

Date   /   /

11 순수한 확신의 비극

〈더 헌트(The Hunt)〉

확신이 들었을 때 우리의 마음은 평온을 찾는다.
문제는 확신이 객관적인 사실에 근거하지 않을 수도 있다는 점이다.
확신은 우리의 믿음과 일치하는 정보는 받아들이고,
불일치하는 정보는 무시한 덕분에 얻게 되는 경우가 많다.
한 사회가 공유하는 잘못된 확신이 누군가를 사냥감으로 지목했을 때,
사냥감은 매우 쉽게 죽음의 언저리까지 내몰리기도 한다.
우리가 의심의 여지가 없는 확신에 도달했다고 생각했을 때
가장 먼저 해야 할 일은
어쩌면 우리의 확신을 의심해 보는 것일지도 모른다.

Date   /   /

12 돈과 행복의 다소 이상한 관계

〈크리스마스 캐롤(A Christmas Carol)〉

돈으로 행복을 살 수 없다고 하는 이유는
돈을 자기 자신만을 위해서 사용하기 때문인지도 모른다.
우리가 경험하는 행복감은 돈의 액수보다는
돈을 어떻게 사용하는가에 따라 크게 달라지는 것으로 보인다.
내가 아닌 다른 누군가를 위해서 돈을 사용했을 때
우리의 행복감은 더 크게 증가하는 것이다.
〈크리스마스 캐롤〉의 마지막 장면에서 스크루지 영감이 이웃에게
선물을 나눠 주고 치료비를 제공하면서부터 인생의 행복을 맛보기
시작했던 것처럼,
타인을 위해서 사용한 돈이 자신의 행복감을 증진시키는 것이다.
어쩌면 우리는 돈으로 행복을 살 수 있는지도 모른다.

Date   /   /

13 옆구리가 시릴 때

〈웜 바디스(Warm Bodies)〉

물리적인 따뜻함은 외로움을 완화해 주는 효과가 있다.
물리적인 따뜻함과 심리적인 따뜻함은
마음속에 매우 밀접하게 연합되어 있어서, 서로 대체가 가능하기 때문이다.
외로움을 크게 느끼는 사람들이 일상생활에서 따뜻한 물로 목욕을 더 자주 하고,
한번 따뜻한 물에 들어가면 더 오랜 시간을 머무는 것으로 나타났다.
좀비 같은 인생으로부터 당신을 구원해 줄 로미오나 줄리엣이 아직 나타나지 않았다면,
우울에 빠져서 완전히 무너지기 전에 먼저 내 몸을 따뜻하게 감싸 줘야 한다.
몸이 추워지면 마음은 더 추워지기 때문이다.

Date   /   /

14 눈을 뜨고 있어도 보이지 않는 것들

〈감시자들(Cold Eyes)〉

인생에서 가장 큰 오해는 바로 서로 자기가 분명히 봤다고 말하는 사람들 사이에서 발생한다.
두 사람은 모두 진실을 말하고 있다.
하지만 두 사람은 모두 상대방이 거짓말을 하고 있다고 생각한다.
이제 소통의 가능성은 사라진다.
세상을 객관적으로 정확하게 볼 수 있다는 생각은 착각에 불과하다.
우리는 완벽하지 않다.
이 완벽하지 않음을 인정하지 않는 한 소통은 불가능하다.
소통은 인간의 불완전함을 인정하고 받아들이는 것에서부터 시작된다.

Date   /   /

15 미래의 불확실성이 우리를 설레게 한다

〈사랑의 블랙홀(Groudhog Day)〉

앞으로 자신에게 일어날 모든 일을 예측할 수 있게 된 순간 필은 절망에 빠진다.
미래가 사라졌기 때문이다.
미래는 불확실하다.
불확실성은 두려움과 불안의 근원이지만 동시에 희망의 원천이기도 하다.
따라서 미래 예측의 오류가 사라지는 순간, 미래의 희망도 함께 사라진다.
예측할 수 없는 미래는 우리를 작심삼일 하게 만든다.
하지만 가끔은 희망이라는 이름표를 달고 우리 앞에 나타나기도 한다.
미래의 불확실성이 우리를 가슴 설레게 만드는 이유다.

Date   /   /

여섯 번째 계절

격려: 아들에게 전하는 희망의 메시지

황유주 작가

황유주 작가는요?

국어논술학원에서 20년째 글을 가르치며 마음을 읽는 일을 하고 있다. 한 아들의 엄마로서 그리고 아이들을 가르치는 사람으로서 더 깊이 이해하고 공감하기 위해 국립경상대학교 교육학과 석사과정을 마쳤다. TA심리상담사와 TA부모교육전문가 자격을 바탕으로 부모와의 소통 강의도 이어가고 있다. 글은 나와 타인을 잇는 다리라 믿으며, 오늘도 글쓰기를 이어가고 있다.

격려의 계절을 쓰는 당신에게

이 글은 아들에게 보내는 희망의 메시지이자, 오늘을 살아가는 모든 이에게 건네는 따뜻한 위로입니다. 두려움 앞에서도 나아가고, 스스로의 잠재력을 믿으며 성장하는 이야기를 한 줄씩 따라 써 보세요. 필사는 마음을 다독이고 용기를 새기는 가장 부드러운 응원의 방식입니다. 그렇게 써 내려가다 보면, 당신의 글 속에서도 누군가를 향한 격려의 계절이 피어날 거예요.

01 두려움 앞에서도 내딛는 너에게

두려움 앞에서 쉽게 멈추지 않길 바란다.

처음엔 작고 불안한 발걸음일지라도
조금씩 내딛다 보면 너만의 길이 열릴 거야.

넘어지고 실수할 수도 있지만
그것이 실패는 아니야.

한 걸음 한 걸음 나아가는
너의 모습이 찬란한 도전이 될 거야.

그러니 너 자신을 믿으며,
끝까지 해 보렴.

Date   /   /

02 너는 이미 빛나는 존재야

무엇보다 먼저 기억해 줬으면 해.
너는 이미 빛나는 존재라는 걸.

잘하고 못하는 것으로
네 가치를 판단할 수는 없어.

너는 있는 그대로
충분히 소중해.

사람은 저마다
다른 색의 빛을 지니고 태어나지.

너 또한 너만의 빛깔로
세상을 환하게 물들일 수 있어.

Date   /   /

03 나를 발견하는 기록

글쓰기는 마음속에
잠시 스쳐 지나가는 생각을 붙잡는 일이야.

그러니 너의 머릿속에 떠오른 것을
기록으로 남기길 바란다.

다만 그것은 다른 사람의 생각이 아니라
반드시 너 자신의 생각이어야 해.

세상을 당연하게만 바라보지 말고
스스로 느낀 것을 글로 새겨 두는 것,
그게 바로 글쓰기의 시작이란다.

Date   /   /

04 책 속으로의 여행

책을 읽는다는 건
보이지 않는 날개를 달고
아직 가보지 못한 세상으로 날아오르는 일이란다.

이것을 가능하게 하는 힘은
상상력과 창의력이지.

그 힘이 쌓이면
조금 더 넓게 생각할 수 있고
다음으로 나아갈 의지도 자연스럽게 생기게 돼.

어렵게 생각할 필요는 없어.
마음이 닿는 대로 읽고 또 읽다 보면
세상을 바라보는 눈과 마음이 자라게 될 거야.

Date   /   /

05 방황, 그건 성장의 신호

엄마는 요즘 길을 잃은 기분이란다.
하지만 이 방황이 오히려 설레기도 해.

방황한다는 것은
진정 원하는 길을
찾고 있다는 신호일지도 모르거든.

때로는 고통이 따르지만
자신이 하고 싶은 것을 찾는다면
그 모든 순간이 즐거움이 될 수 있어.

너도 방황을 두려워하지 말고
그 시간을 너 자신을 알아가는 여행으로 삼아 보렴.

Date   /   /

06 나로 살아가기

네 삶의 주인은 항상 너 자신이란다.
타인의 시선 때문에 하고 싶은 일을 멈추지 마라.

너의 신념을 지키며
마음이 원하는 일을 해내는 것,
어쩌면 그것이 우리가 살아가는 이유일지도 몰라.

Date   /   /

07 서로를 이해하는 태도

서로의 존재를 있는 그대로 받아들이고
인정할 수 있기를 바란다.
조금 더 너그러워진다는 건
상대를 이해하려는 마음에서 비롯되지.

"그래, 그럴 수 있지."
이렇게 속삭일 수 있다면 마음은 한결 부드러워질 거야.
자신에게는 관대하면서 타인에게는 엄격한 마음이 모이면
세상은 불평과 다툼으로 가득해지겠지?

그러니 너그럽게 바라보자.
그 마음이 세상을 조금 더 평화롭게 만들 거야.

Date   /   /

08 오늘이 주는 소중함

잠시 걸음을 멈추고
계절마다 옷을 갈아입는 나무들을 바라봤으면 해.

왜냐하면 어제는 이미 지나가 바꿀 수 없고
내일은 아직 오지 않아 우리가 알 수 없어.
그래서 네가 붙잡을 수 있는 건 오직 오늘,
지금 이 순간뿐이니까.

그러니 오늘 하루를 흘려보내지 말고
주어진 선물처럼 소중히 살아 보렴.

Date   /   /

09 말로 전하는 진심

"사랑해."
"고마워."

이런 말들을 마음속에만 담아 두지 말자.
말하지 못한 순간이 지나간 뒤
후회가 되어 마음을 무겁게 하지 않도록.

우리의 진심은 그냥 흘려보내는 바람이 아니라
서로에게 닿는 따뜻한 손길이 되게 하자.

Date   /   /

10　정리는 나를 지키는 일

네가 항상 주변을 정리하는 모습을 볼 때마다
참 대견하구나.

주변이 정리되면 마음도 차분해지고
하고자 하는 일에 더 깊이 몰입할 수 있단다.

그렇게 마련된 공간은
너의 동기를 북돋아 주고
스스로를 소중히 대하는 방식이 되지.

정리란 단순히 물건을 제자리에 두는 일이 아니라
마음가짐을 새롭게 하는 작은 의식과도 같아.

이렇게 정리하는 습관을 이어 간다면
분명 어제보다 더 단단해진 오늘을 맞이하게 될 거야.

Date   /   /

11 함께하는 따뜻함

공감이란
다른 사람의 마음과 함께하고자 하는 마음이지.

무릎이 다쳤을 때 따뜻한 손길이 필요하듯
마음이 다쳤을 때도
누군가의 공감이 큰 힘이 되어준단다.

너도 다른 사람의 마음에 귀 기울이고
그 아픔을 함께할 줄 알았으면 해.

아픔을 완전히 없애 줄 수는 없어도
그 마음을 이해하며 곁에 머물러 준다면
누군가에게 분명 큰 희망이 될 거야.

Date   /   /

12 스스로를 인정하는 방법

때로는
칭찬을 요구할 줄도 알아야 한단다.

잘한 일을 알아달라는 건
자만이 아니라
네 마음을 지켜 주는 자존이니까.

"엄마, 나 잘했어?" 하고 묻는 네 모습처럼
누구나 인정받고 싶을 때가 있단다.
순간 건네는 칭찬 한마디가 다시 나아갈 수 있게 하지.

그러니 너도 주저하지 말고 말해 보렴.
"나, 잘하고 있지?" 하고.

Date   /   /

13 어둠 뒤에 찾아오는 희망

열심히 노력해도
희망이 무너지는 순간이 찾아올 수 있어.

그럴 때는 억지로 마음을 다잡으려 하지 말고
그저 묵묵히 너의 길을 걸으면 돼.

삶은 롤러코스터와 같아서
내려가는 순간이 있으면
다시 오르는 순간도 반드시 오니까.

어둠이 걷히면 새 희망이 보이듯
그때가 오면
너도 다시 일어서면 되는 거야.

Date   /   /

14 기댈 수 있는 사랑

세상에서 가장 큰 축복은
내가 이룬 일을
나보다 더 기뻐해 주는 사람이 있다는 거야.

엄마에게는
그 사람이 엄마의 부모님이란다.

그 사랑을 닮아
이제 엄마도 너의 곁에 서 있어.
네가 어떤 길을 선택하든 믿어 주고,
언제든 기대 쉴 수 있는 지주가 되고 싶구나.

그래서 엄마는 오늘도 응원한단다.
"엄마는 언제나 네 편이야."

Date   /   /

일곱 번째 계절

온기: 삶이라는 작은 연대기

허지영 작가

허지영 작가는요?

40년 넘게 서울에서 살던 삶은 자전거 여행 중 우연히 닿은 오지마을에 정착했다.
자연 속에서 아이와 함께 살아가며 느림의 가치를 배우고, 마을문화 활동가로서 지역의 사람들과 문화를 잇는 일을 하고 있다. 현재 강릉 어반스케치 <일상다반화> 대표로, 찾아가는 <인생나눔교실> 튜터로 활동 중이다. 삶의 속도와 방향을 바꾸어 온 성장의 기록을 그림일기로 써 내려가고 있다.

온기의 계절을 쓰는 당신에게

평범한 일상 속에서도 크고 작은 파도는 늘 찾아옵니다. 그 파도들을 조용히 쓸어내리고 마음을 다독이기 위해 시작한 필사(筆寫)는 어느새 제 삶에 새로운 시간으로 자리 잡게 되었습니다. 글을 읽고, 쓰는 과정을 반복하다 보면 일상은 감사하지 않을 일이 거의 없습니다. 내가 미처 생각하지 못했던 순간들이 있었을 뿐입니다.

01 새로운 이웃

고로쇠를 받으러 가는 오솔길에서 만난 아름드리 금강송들.
두 팔로도 감싸지 못할 만큼 굵은 나무들이
헤아릴 수 없는 세월을 품고 조용히 서 있다.
그 자라에 이제 막 들어선 나는,
그들 사이에서 어떤 존재로 비칠까 궁금해졌다.

Date   /   /

02 지천의 무명(無名)

산골살이에서 산책은 중요한 일과 중 하나다.

산책길엔 이름 모를 들꽃들이 지천이다.

가끔은 앞마당에 옮겨 올까 하는 못난 생각이 들기도 한다.

도감을 펼쳐 꽃들의 이름을 하나씩 익힌다.

다음엔 그 이름을 불러 주어야겠다.

내가 이름을 불러 주어야 비로소 나와 친구가 되는 것이다.

함부로 대할 수 없는,

의미 있는 이름을.

Date   /   /

03 토닥이는 밤

마음을 나누던 이의 배신을

감당하고, 다시 품을 수 있을까?

믿었던 사람의 변심을 마주할 용기가 없어

자조하며 보냈던, 길고 긴 시간이 있었다.

이제야 겨우, 그 시간에서 벗어나는 것 같다.

아픈 마음을 인정하는 것이 더 두려워서였을까.

크게 한 번 울어 보지도 못하고,

스스로를 외면한 채 살아가던 때가 있었다.

훨씬 더 힘들고 고통스러웠더라도

돌아서지 말고 마주했더라면 더 좋았을 것을.

이제라도 알게 되어 다행이다.

어차피 다 지나간 일이라며

이렇게라도 위로하는

내 작은 속내를,

토닥이게 되는 밤이다.

Date   /   /

04 그의 노래(故 김광석)

그가 가고 없던 어느 날.

여전히 그가 가 버린 걸 이해하지 못하던 날.

늦은 밤, 휘청거리는 종로.

밤늦게 여는 술집을 찾아 헤매다가

입구가 좁은 어느 술집에서 그의 노래가 흘러나왔다.

인사동 입구 포장마차. 꼬막과 닭똥집에 소주.

집으로 돌아가는 택시를 중간중간 세워 가며

나만이 알아들을 수 있는 그의 노래를 불렀다.

내 어린 날의 그는,

술 취할 수 있는 충분한 이유가 되어 주었다.

이렇게 내 좋은 것들이 하나둘씩 사라져 가며 나는 어른이 되어 간다.

아~ 너무 좋은 이 가을이 빨리 가 버렸으면 좋겠다.

Date   /   /
_____

05 겨울밤, 낭만을 생각하다

펑펑 눈이 내린다.
눈 구경을 나섰더니 도보 여행자들이 오지 마을에 자리 잡은
내 집 앞을 지나가고 있다.
나 역시 몇 년 동안 도보 여행에 빠져 지내던 때가 있었고,
그 시절 친구들이 그리웠다.
폭풍 열정으로 지나온 시간을 보상하듯이
이 겨울, 깊은 겨울잠에 빠져 보는 것도 즐거운 일일 것 같다.
여기저기 안녕하지 못할 일들이 산재해 있는 요즘,
잠시 낭만을 생각하게 되는 겨울밤이다.

Date   /   /

06 엄마라는 이름으로

외출에서 돌아오니
삽살개 강이가 산통을 묵묵히 견디고 있었다.
그 누구의 도움도 없이,
새벽까지 이어진 진통 끝에
아홉 마리의 새까만 새끼를 낳았다.

이제 강이는 엄마가 되었고,
나는 내 아기에게,
강이는 강아지들에게 젖을 물린다.
강이 새끼들과 내 아이에게서는
비슷한 냄새가 나는 듯하다.

옹알옹알 아가들이
엄마 품을 파고드는 소리가
집 안팎에서 흘러나온다.

Date   /   /

07 책이 있는 풍경

아이가 다니는 학교 옆에는 작은 도서관이 있다.
초보 엄마였던 나는,
아이를 유치원에 맡기고
도서관으로 향하곤 했다.

낯선 동네, 낯선 사람들 사이에서
책이 있는 풍경은
마음을 편안하게 해 주었다.

이제는 습관처럼,
책을 읽고, 생각을 나누고,
아이의 하루를 그림일기로 그린다.

그러다 문득,
바다와 산을 누비며 걷고 있는
내 모습을 상상하다 보면
아이의 하원 시간이 되어 간다.

Date   /   /

08 그림 같은 하루

일상은 그려도 그려도 또 그려진다.

매일이 비슷한 날처럼 보여도,

그 안에는 늘 다채로운 감정들이 있다.

그림을 그린다는 건

마음을 정리하는 과정인 것 같다.

온전히 나에게 집중하는, 소중한 시간.

나는 언제까지 성장하게 될까?

가끔은,

그게 궁금하다.

Date   /   /

09 엄마 김밥

아이가 현장 학습을 갔다.
간단하게 도시락을 챙기며
어릴 적 소풍 날을 떠올려 본다.

언니와 내가 소풍을 가는 날이면
엄마는 새벽부터 부엌에 불을 켜셨다.
얄팍한 일회용 나무 도시락에 담긴 김밥,
그러다 언젠가부터 은박 도시락으로 바뀌었다.
김밥 꽁다리는 아침 식사로 우리 입에 먼저 들어왔다.

Date   /   /

들뜬 마음으로 집을 나섰다가 소풍을 마치고 집에 돌아오면,
아침에 넉넉히 말아 둔 김밥이
커다란 접시에 가득 담겨 우리를 기다리고 있었다.

김밥 덕분에 오후 늦게까지
소풍 기분을 이어가던 그때의 우리.
그 시절엔 김밥을 사 먹는 일도 흔치 않아,
김밥을 싸는 날이면 며칠 전부터 설렜다.

입안 가득, 참기름 향기 풍기던
울 엄마 김밥.
음식은 추억이 담겨 있기에,
더욱 그리운 것 같다.

Date   /   /

10 성경을 필사하는 불자

무속 신앙처럼 혼자만의 기도를 하게 되면서 불교와 가까워졌다.
산골 마을에 들어와 자연에 기대는 삶을 살아갈수록
불경을 듣거나 필사를 하는 일이 많아졌다.

새해맞이 행사로 100일 필사를 하게 되었고,
급기야는 필사책을 준비하고
필사 모임에서 함께 글을 쓰기도 한다.
즐거운 나의 필사 생활을 알게 된 지인이 성경을 선물해 주셨다.

Date   /   /

어쩌면 하나님은 이미 나를 알고 계실지도 모른다는 생각이 들었다.
내 주변엔 지독한 크리스천 두 명 있다. 천방지축 어디로 튈지 모를,
젊은 날을 지켜주던 가난했지만, 절실했던 그녀의 기도가,
여러 번의 실패 끝에 엄마의 대열에 들어선 나와 내 아가의
보호막 같았던 또 다른 그녀의 기도가 하늘에 계신 그분에게 닿았
던 것 같다.
지금의 온전한 나를 보면 그런 마음이 든다.

그리고 세 번째 그녀가 나타난 것이다.
불자에게 성경을 선물한 크리스천과 그 성경을 필사하고 있는 불자.
나는 뒷배를 하나님으로 두고 있는
심성 고운 그녀들의 건강한 기도를 한 몸에 받아 본 고귀한 사람이다.

Date   /   /

11 너는 또 다른 우주

어제 아이는 하굣길에 비를 맞고 왔다.
무척이나 즐거워 보였다.

나도 어릴 땐 비 맞는 걸 좋아했지만 하교할 때는 아니었다.
우산이 없거나 마음에 드는 우산이 아닐 땐 속이 상했다.
바쁜 엄마 대신 옆집 아주머니가
우산을 가져오셨던 날도 투덜거렸고,
우산 없이 비를 맞고 오는 날엔 더 서러웠다.
마치 나만 엄마가 없는 것처럼,
내 우산만 예쁘지 않은 것처럼.

그러나 내 아이는 비를 맞아도,
우산이 없어도, 별일이 아니라고 한다.
내 아이는 마치 내가 모르는 사람 같다.
아이를 알아 가는 게 재미있다.
비 오는 날, 우산도 아이 마음인 것이다.

Date   /   /

12 사랑의 오므라이스

사람들이 빠져나간 피서지 풍경은
조용해서 오히려 더 친근하다.

아이가 좋아하는 분식집에 들러
사랑이 들어간 오므라이스를 먹고
밤바다 산책을 나섰다.

시골은 아이 키우기에 참 적당한 곳이다.
바다, 산, 계곡, 그리고 호수까지,
붐비지 않고 온전히 누릴 수 있다.
그럼에도 마음 한편,
도시로 돌아가고 싶은 건,
그때 그곳에서 함께했던 사람들 때문일 것이다.

Date   /   /

그리운 사람들.
사실 그리움의 대상은
다시는 잡을 수 없는
내 청춘의 시간 들일지도 모른다.

모래놀이에 푹 빠진 아이도
낯선 이들 속 풍경에 놓아두고
먼바다와 맞닿아 있는 곳에 눈길이 머문다.
배부르게 먹어 둔 오므라이스 덕분인지
적당히 행복한 기분이다.

Date   /   /

13 모녀 삼대

친정 엄마가 오셨다.
구멍가게 하나 없는 마을에서
삼시 세끼 챙기는 게 버거운 딸이
안쓰러우셨는지,
사위가 불편하다고 하시면서도
며칠째 그냥 계신다.
이렇게 산골에 콕 박혀 사는 게
여전히 신기하다고 하시지만,
사실 나도 내가 신기하다.

지랄 총량의 법칙처럼,
일찌감치 쏠 에너지를 다 써서 그런가.
뛰쳐나가지 않고 여전히 잘 살고 있다.
순전히 남편의 의지로 감행한 산골살이였지만,
나도 이 산골이 좋다.
마음을 편안하게 둘 줄 알게 되었다.

Date   /   /

쌓인 일은 많지만,
지금은 내 아이 하나 챙기는데
온 체력을 다 쓰는 것 같다.

나는 내 아이를 쫓고,
엄마는 그런 나를 쫓는다.
산골이라
밤이 빨리 찾아오는 게 참 다행이다.
오늘도 드르렁거리며 꿀잠을 자겠지.

엄마는 거실에서 TV를 켠 채 주무시고,
나는 아이를 어르고 달래
품에 안아 재운다.

닮아서 자주 부딪히던 엄마와 나였는데
엄마와 나와 내 아이가 함께하는
지금 이 시간이 감사하다.

Date   /   /

14 세월

언니와 내가 초등학교를 다니던 시절,
엄마는 자주 흰머리를 뽑아 달라고 하셨다.
어린 눈에는 잘 안 보였던 흰머리를 뽑아 달라고 하시니
대충 얼버무린 채 놀러 나가기 바빴다.
그러나 언니는 엄마 머리맡에 앉아 한 가닥에 10원씩 용돈 벌이에 나섰고
이쪽저쪽 가르마를 가르며 부지런히 흰머리와의 전쟁을 치르곤 했다.

급기야 염색약이 족집게를 대신하는 시절이 왔고,
지금까지도 정기적으로 엄마는 젊어지신다.

그때의 엄마보다 더 나이 든 엄마로 살고 있는 지금의 나에게도
흰머리는 곱지 않은 손님이다.
또 한 해가 가고 내 머리 위에는 눈처럼 하얗게 세월이 내려앉았다.
그 수만큼 나는 더 여유롭고 따뜻해지고 싶다.

Date   /   /

Memo

Memo

Memo

Memo

Memo